# हुस्नाबानो

और अन्य कविताएँ

# हुस्नाबानो
## और अन्य कविताएँ

प्रभा खेतान

वाणी प्रकाशन

वाणी प्रकाशन

*4695, 21-ए, दरियागंज, नयी दिल्ली 110 002*

फ़ोन : +91 11 23273167 फ़ैक्स : +91 11 23275710

**शाखाएँ**

*अशोक राजपथ, पटना 800 004, बिहार*

*कॉफ़ी हाउस कैम्पस, महात्मा गांधी मार्ग, इलाहाबाद 211 001, उत्तर प्रदेश*

*महात्मा गांधी अन्तरराष्ट्रीय हिन्दी विश्वविद्यालय, वर्धा 442 001, महाराष्ट्र*

*सुल्तानिया रोड, मोतिया पार्क, भोपाल 462 001, मध्य प्रदेश*

www.vaniprakashan.com
marketing@vaniprakashan.in
sales@vaniprakashan.in

HUSNABANO AUR ANYA KAVITAYEN
*by* Prabha Khetan

ISBN : 978-93-89563-87-0
Poetry Collection



प्रथम संस्करण 2020

मूल्य : ₹ 199



*सिटी प्रेस, दिल्ली-110 095 में मुद्रित*

*वाणी प्रकाशन का लोगो मक़बूल फ़िदा हुसेन की कूची से*

# अनुक्रम

# हुस्नाबानो

और अन्य कविताएँ

## हुस्नाबानो

ताल तल्ला बाज़ार लेन
एक गली
गली से जुड़ती हुई सड़क
फिर उससे आगे
एक और सड़क
जो कहलाती चौरंगी
चौरंगी यानी
शहर की रीढ़...

विक्टोरिया का मैदान
घूमते हुए लोग
गाड़ियों की क़तारें
पंख उछालती तितलियाँ
फूलों पर पत्तों पर
सम्हल-सम्हल कर
चल रही किरणें
उड़ते हुए भौंरे
डालियों से छन-छनकर
उतरती हुई धूप

ताल तल्ला बाज़ार लेन
जाड़े की सुबह

सुनो क्या कहना चाहती
राम नाम की
माला जपती पड़ोसन बुढ़िया?
उसे कोई उम्मीद नहीं अब
बेटे के वापस आने की
धीरे से उतारती चश्मा
काँपती हथेलियाँ
हो जातीं उसकी तकदीर
सहसा
मलमल कर धोने लगती वह
लकीरों को
समझती हुई नियति को
समझना चाहती वह
कैसे पहली बरसात में
अकुलाते बीज
बन जाते पेड़?

बालों की सफ़ेदी
सहलाती बुढ़िया
बड़बड़ाती
ना कुछ नहीं होता
राम नाम रटने से
क्या मतलब है
माला के जपने से
एक-एक मनके में
वही-वही जीवन
औरत का
चौका-चूल्हा
रोटी-पानी

पुकारती है पड़ोसन बुढ़िया
"अरे हुस्ना
ज़रा इधर तो आ"

गली की सुबह
लिये जा रहे
दोनों में कचौड़ी और पूड़ी
छोटे-छोटे बच्चे
कोई लिये जा रहा
दूध से भरा बर्तन
लौटते हुए
कुछ लोग
रात की पाली से

इक्कम-दुक्कम खेलती
हुस्नाबानो सोचती
इस गली में
अब और नहीं बन सकता
कोई घर
यदि बनता
तो क्या वह
हमारा होता?
भाई मोहसिन का होता?
अम्मी का होता?
अब्बा का होता?

नहीं
यहाँ कोई घर नहीं
गली में चलते हुए
कोई कहाँ रुके?

चलते हुए कोई
क्यों सोचे?
किसके लिए सोचे
हर समय गली में चलते हुए?

ख़ाली बहता
पसीना
हवा में गन्धाता
पसीना
नल में
दिन रात टप-टप
टपकता पसीना
और यह गली
दाँतों में चबा गयी
अँतड़ियों में पचा गयी
न जाने
किस-किस के घर?

हर आदमी का चेहरा
तवे पर सिंकती हुई रोटी
हर आदमी की पलकों पर
चिपकी हुई
रोटी
कोई यहाँ और कुछ नहीं करता
वह करामत अली होटल वाला
बस रोटियाँ फुलाता
पर घर कहाँ?
यदि घर होता
छोटा-सा ही सही
अपना तो होता?

कौन चलाता जा रहा
इस गली को?
यह किसकी आवाज़
रिक्शों के चक्कों के साथ
बेशुमार भीड़ में
भीड़ की गतिमयता में
किसकी यह जीभ
चाट जाती
गली की दरारों में
उगते हर घर को?
आख़िर किस के अनदेखे हाथ
निचोड़ कर आदमी के सपनों को
पसार देते
अँगोछे की तरह
टाँग देते
लुंगी की तरह
लैम्प-पोस्ट पर?

कौन
जो
लटका जाता हम सबको
हलाल की गयी गाय की तरह
सय्याद मियाँ की दुकान पर?
कौन?
कोई तो नहीं दिखता?

यहाँ
इस दुपहरी में
नुक्कड़ पर
खेलते हुए

चार लड़के
इक्कम-दुक्कम-तिक्कम
गिट्टियाँ उछालती हुस्नाबानो
सोचती जाती
कब आयेंगे अब्बा?
शायद अगली जुमेरात को?

पड़ोसन बुढ़िया फिर देती आवाज़
"हुस्ना! अरी ओ हुस्ना?
कब आयेंगे तेरे अब्बा"
"शायद अगली जुमेरात को नानी"
"हाँ नानी
जानती हो तुम
अब्बा गये हैं दुबई
शाहों का घर बनाने
अब्बा गये हैं मोटी तनखा पर
गारा चूना ढोने
अब्बा गये हैं हवाई जहाज़ से
कलकत्ता, बम्बई, कराची, दुबई
घूमती एयर इंडिया

आने दो अब्बा को
कहूँगी उनसे
"अब्बा!
अबकी तुम
वीडियो मत लाना
अम्मी की साड़ियाँ
मत लाना
मेरे पास
ढेरो हैं

दुपट्टे
लिपस्टिक और सेंट की शीशियाँ
मोहसिन के खिलौने
अब्बा!
मत लाना यह सब
बस अब्बा अबकी तुम
बदल देना अपने बक्से को
एक छोटे से घर में
हाँ अब्बा!
अपने बक्से को
बदल देना
एक छोटे से घर में
नानी!
कहाँ से निकलते
ये सारे अख़बार
जिनमें छपती नहीं कभी
हमारे
बेघर रहने की ख़बर?
कौन माँगने आया था
वोट
सुबह देहरी पर
अब्बा तो नहीं यहाँ
जो समझाते हमें
किसका करना है चुनाव
छोटा-सा दायरा हमारा
दायरों के भीतर
एक और दायरा
अब्बा के हाथों गाड़ा गया
खूँटा ही तो कहलाता हमारा घर?

नानी!
तुम समझाना अब्बा को
बिना किसी को बताये
मैं बड़ी हो गयी हूँ
घर के छज्जे से भी
ऊँची हो गयी हूँ"

इक्कम-दुक्कम-तिक्कम
हुस्नाबानो खेलती जाती
खेलती जाती
उछलती
आँखों में
काली-चिकनी गिट्टियाँ
सम्हालती
सर का दुपट्टा
देखती
अम्मी का फूला हुआ पेट

"अम्मी क्या है इसमें?
मोहसिन की गेंद
या फिर घूमती हुई पृथ्वी
और उसमें उगतीं
ऊँची-ऊँची मीनारें?
क्या है अम्मी
तुम्हारे इस फूले हुए पेट में?"

"अम्मी!
तुम्हीं क्यों नहीं
पैदा कर देतीं
एक छोटा-सा घर

जिसमें रहेंगे
मोहसिन और अब्बा
हम और तुम?"

"अम्मी!
कैसा होगा अपना घर?
क्यों नानी
तुम भी कहो ना अम्मा से"

"हाँ हाँ
कहूँगी कहूँगी
घर जो खो गया
यहीं कहीं
इसी गली में
घर जो रह गया
सिर्फ़
चार दीवारों में बदल कर
दीवारें भी हो गयीं
केवल ईंटों की भीड़
ईंटों को चाट रहे दीमक
भुरभुरा कर
चूरा-चूरा
सफ़ेद हड्डियों का चूरा
घर
गिर रहा ज़मीन पर"

सोचती हुस्नाबानो
क्या सचमुच मेरा घर है
दीमकों का यह ढूह?
किससे पूछूँ?

अब्बा से?
अम्मी से?
ओ मेरे भाई मोहसिन
कहाँ खोजें हम
अपना घर
लगातार भागते लड़खड़ाते
चक्राकार शहर में
जहाँ थमती नहीं
कोई गली?
थकता हुआ आदमी
बैठना चाहेगा कहीं
दुखती हुई पीठ
टेक चाहेगी कहीं

हुस्ना सोचती
गिट्टियाँ उछालती हुई
कब तक लगाये रहे वह
घर की आस
घण्टों का
दिनों का वर्ष फल निकालती हुई?
कौन माँगेगा
दुआयें उसके लिए?
क्या निकल आयेंगे
मौलवी
कुरान शरीफ़ छोड़ कर
बँटाने के लिए
अब्बा का हाथ?
क्या दौड़े आयेंगे पण्डित
ढोने के लिए
गारा चूना?

नानी कहती
"तू एक चिड़िया है हुस्ना!"
जंगल के अकेलेपन पर
शोकगीत गाती
एक चिड़िया

अम्मी के ढेरों रिश्तेदार
अब्बा को
बार-बार पूछते दोस्त
स्कूल का समय
बस की क्यू
राशन की लाइन
बिजली का बिल
कैसे सम्हालेगा घर?
कहाँ पर उगेगा घर?

तलाशते हुए घर
नींव की ईंट हो जातीं औरतें
एक घर
एक शोकगीत
कुछ ही दिन पहले
बगल के फ़्लैट वाली दुल्हन
मर गयी छिड़क कर
अपने ही ऊपर
किरासन तेल

लोग कहते सास ने जला दिया
लोग कहते निकम्मा था
उसका मरद
आने दो अब्बा को

बताऊँगी उनको
पड़ोसी की ख़बर

यहाँ इस कमरे में
हाथ पर हाथ रखे
छोटी-छोटी बातों में
डूबते हुए चेहरे
एक और थका हुआ दिन
पैर फैलाता
पीली रोशनी में
धुआँ हो जाता
साँसों का तनाव
नीची छत से टकराता

सर टकराते ऊँघते सपने
खाली सपनों के सहारे
अम्मी घसीटती दिन
सो लेती रात
सह लेती इतना बोझ

अम्मी!
कहाँ हो अम्मी?
कहीं
गन्दे कपड़ों के ढेर में
धोने के लिए तो नहीं
छोड़ आयी
हमारे सपनों का घर?
जूठे बर्तनों के बीच
कहीं बह तो नहीं गये वे?

हुस्ना
मोहसिन बीमार
पहले लानी होगी दवा
भूख लगी है हुस्ना
पहले पकाना होगा खाना
अँगड़ाई लेती हुस्ना
टटोलती आस-पास
देखती कमरे की छत
रेंगती हुई छिपकली
कहीं मुँह में
दबोच तो नहीं रही
उसका घर?

रो मत हुस्ना!
सपने झरा करते
दिन-रात
आकाश की चौड़ी खिड़की से
खुरचते हुए माटी की पर्तों को
उधर देखो
लाल चमकता हुआ घर
उगा हुआ पूरब में
चला आ रहा पंख पसारे

हवाएँ झकझोरतीं
टकराती आवाज़ों को
हुस्ना पुकारती
शाहों का घर बनाते अब्बा को

## मिसेज़ गुप्ता अकेली हैं

मिसेज़ गुप्ता अकेली हैं
ढेरों लोगों को जानती हुई
बहुत ज़्यादा जानती हुई
सोशल मिसेज़ गुप्ता अकेली हैं

पढ़ी-लिखी हैं
प्रतिभा वाली हैं
पति और बच्चों के प्रति समर्पित
घर के लिए प्रतिबद्ध
फिर भी न जाने क्यों
सहमती अपने आप से
वक़्त जाया करतीं
आये दिन पार्टियों की उछल-कूद में

वे लगातार हँसती हैं
ठहाके लगाती हैं
और हँसते ही हँसते
रोने भी लगती हैं
ज़िन्दादिल
मिसेज़ गुप्ता
बहुत अकेली हैं
कभी नरम

कभी रूखी
कभी
रिश्तेदारों को देती हुई सहारा
कभी
खोजती दोस्तों का कन्धा
कभी
अपनी ज़रूरतों को छिपाती हुई
ज़रूरतों को पूरा करती हुई
मिसेज़ गुप्ता अकेली हैं

समझदार मिसेज़ गुप्ता समझतीं
दुनियादारी
पुरुषों के बीच
औरत की लाचारी
किन्तु
सबसे अधिक समझतीं
अपना अकेलापन
मन लगाने के लिए
हर घड़ी
कुछ न कुछ करती मिसेज़ गुप्ता
अकेली हैं

ख़रीदतीं साड़ियाँ
बनवातीं गहने
देतीं पार्टियाँ
करतीं पहाड़ों की सैर
पूजा करतीं मिसेज़ गुप्ता
ध्यान लगातीं मिसेज़ गुप्ता
कभी
बहुत प्यार करतीं

कभी
सबको उठा फेंकतीं

आँसुओं से ऊबी हुईं
अकेलेपन से बौखलाई हुईं
थकी हुई मिसेज़ गुप्ता
चाहती हैं
एक प्यारा रिश्ता
एक ऐसा दोस्त
जो न ज़्यादा स्मार्ट हो
न बेवकूफ़
न ज़्यादा बोलता हो
न बिल्कुल गूँगा
अपने में समर्थ
एक ऐसा दोस्त
जो
थोड़ा कम
थोड़ा ज़्यादा
बाँट सके अकेलापन

मिसेज़ गुप्ता अकेली हैं

## लहलहाता खेत

जड़ों की जकड़ से उठकर
अभी-अभी जन्मा अंकुर
हवा में
लहराता मुट्ठियाँ
कर रहा
युद्ध की घोषणा
ओला बरसाते बादलों के ख़िलाफ़

आँचल में
सँजोये
गेहूँ के दाने
लाठी टेकती बुढ़िया
खोजती
उर्वर ज़मीन

कहाँ रोपे वह
अगली फ़सल के सपने?
बार-बार सोचती
एक-एक दाने में
छिपा है
एक-एक
लहलहाता खेत

## पेड़ों के टहलने का समय

बदलती हैं बातें
बदलता है परिवेश
बदल जाती हैं
सारी की सारी चीज़ें
सब कुछ तो सबसे जुड़ा हुआ
अकेला कौन तब?

वह बनना चाहती
अच्छी प्रेमिका
वह बनना चाहती
आज्ञाकारिणी पत्नी
वह बनना चाहती
हमेशा प्यार करती माँ
वह बनी रहना चाहती
पापा की सबसे प्यारी बिटिया
लेकिन राह चलते
अचानक कोई पूछता तुम कौन
अपने बारे में उत्तर देती हुई सोचती
मैं कौन?

एक अजाना भय
पाताल फोड़कर निकला हुआ राक्षस

नोचने लगता पेट की अँतड़ियाँ
चर्बी से भरा दिमाग़
ज़हरीली गैस की साँस लेता फेफड़ा
पैर पटकती हुई वह
खींचती
ज़ंज़ीर

अलग-अलग नामों के साथ
दुखी होती वह
सोचती
कितना कम जानती हूँ
नामों की भूमिकाओं के बारे में
आश्रय चाहती हूँ
किसी और की छाया में

ठीक यही तो समय है
पेड़ों के टहलने का?

## आज का सिसिफ़स

उसने कन्धे पर झुलाया
ऑफ़िस की डाक का थैला
हाँफते हुए चढ़ने लगा सीढ़ियाँ
दसवीं मंज़िल पर सी.एम. ने
अभी-अभी बजाई है
दुबारा घण्टी
आह!
वह भूल गया लिफ़ाफ़ा
अपने त्याग-पत्र का भी
जो लाना था साथ
फिर जाना होगा नीचे

आज का सिसिफ़स
समझता
अपनी यात्रा का निरर्थक एहसास
कल होनेवाली क्रान्ति के बारे में
वह नहीं पालता
कोई भ्रम
जानता
किरानी बाबू
केवल पोसते हैं ख़याल

क्रान्ति का
एकाउंटेंट साहब के गले में
मछली का काँटा बन
अटकी हुई है
क्रान्ति

सी.एम. की सेक्रेटरी
लिखे गये घोषणापत्रों की गेंद
फेंकती रहती...
फुटपाथ पर

राह चलता छोकरा
उठा लेता
उन गेंदों को
और
दागने लगता
ट्रैफ़िक पुलिस पर!

## भीड़ के बीच

गूँगे आकाश को घूरते रहने के सिवा
और क्या किया जा सकता है इस वक़्त?
फिर सुनी जा सकती है सिर्फ़
ज़मीन से कान लगा
भू-गर्भ रेल की आवाज़

शहर ने ओढ़ रखा है
धुएँ का मुखौटा
फेफड़ों को
कर दिया है बन्द
बड़े मर्तबान में

आश्चर्य!
स्वचालित यन्त्र
छिपा जाता है
भीड़ के बीच
इतना सारा अजनबीपन!

## प्यार की चिट्ठी

मेंहदी रची
हथेलियाँ
माथे पर
लाल बिन्दी
आँखों में काजल
भीगे होठोंवाली नवेली दुल्हन
बचपन के दोस्त को
सफ़ेद काग़ज़ पर लिखा
एक शब्द
प्रेम
लिफ़ाफ़े में डालती
गोंद लगा लिफ़ाफ़ा
चिपकाती
रख दी गयी कहीं
प्यार से लिखी गयी चिट्ठी
और वह हो गयी व्यस्त
सजाने में घोंसला

जब कभी
पुराना प्रेमी लिखता उलाहना
या

मिल जाता कहीं
ज़रूर पूछता चिट्ठी के बारे में
कहती
अरे कहीं रख दिया सम्हाल कर
बक्से में जल्द ही ढूँढूँगी
भेजूँगी ज़रूर
तुम्हारे पास
बस
सिर्फ़ तुम्हारे पास

## कविता की खोज में

कविता की खोज में
निकली
आधी रात
चौराहे पर
मिलीं
लुढ़की हुई
दो जोड़ी आँखें
सड़क की दरारों जैसी
आँखें
धँस गयीं
पाताल में
इतिहास
फिसल गया
हज़ारों साल
पीछे

अँधेरे तहखाने में
आविष्कार किया
आँखों ने
अपने अस्तित्व का

दीवार पर
भनभनाते मच्छर
दुहराने लगे
कविता

## नियति

बादलों ने
आवाज़ दी
बिजलियों को
बन्द करो
खिड़कियाँ
बरामदे में खड़ा लड़का
बिरा रहा
मुँह मौसम का

असहनीय
सब कुछ
प्रेम के क्षणों के सिवा
और
कल घटने वाली मृत्यु?
उसका भी
ख़याल नहीं किसी को

फेफड़ों में जम रही बरसात
एड़ियों में
दौड़ रही
सिहरन
पूछता

कोई न कोई
हर समय
क्या इसी का नाम नहीं प्रलय?
हताश एक वह
मेज़ पर मारता
घूँसा
तोड़ डालता
पापा की पुरानी घड़ी
छीनकर
किसी पेशेवर वक्ता से माइक्रोफ़ोन
चीख़ने लगता ख़ुद

बदल जाती आदमी की नियति
एक सरल रेखा में

## सड़क-कथा

सड़क-दर-सड़क
फुसफुसाहट
बगल चलते राहगीर की
वही बात
कुछ दिन पहले बोली गयी
लौट कर टकराती हुई
बहुत वर्षों बाद
गर्भवती
पुरानी बात

टुकड़ा-टुकड़ा सड़क
चौराहे से कटी हुई
नहीं जुटा पा रही कारपोरेशन
मरम्मत के पैसे

क्या हो
यदि न रहें
सड़कें?
चलना शुरू कर दें हम
काल्पनिक लकीर पर
हवा में हिले
एक अजाना हाथ
फिसलने लगे उम्र
ख़ाली ढलान पर

## मुखौटे में

शहर मुँह छिपाये
पड़ा हुआ
कूड़े के ढेर में
मुँह छिपाये पड़ा
सूनापन।

किसी ने
फेंका है
अपने नेता का चेहरा
नाली में
कचरे के साथ
किसका है
नाली में तैरता वह चेहरा
हमारे ही नेता का
या किसी और का?
या किसी बीते हुए समय का?

क्या तुम
पहचानते हो इसे?
देख पाते हो इसमें
कोई पौराणिक छाया?
कोई समता तो होगी

इसमें
और
इस चेहरे में?
कोई तो होगा
इसका इतिहास
कुछ न देखने के बहाने भी
बहुत कुछ
देख लिया जाता हुआ
हर दिन
मरने के बाद भी
कुछ और मरने के लिए
छोड़ दिया जाता हुआ?

नेता वह औरत है
कर दिया गया है
उसको ही फिट
तराश कर
सही माप के मुखौटे में

## रोटी

थोड़ा आटा
चुटकी-भर नमक
लोटा-भर पानी

सान लो
सब कुछ
सेंको
सहेज लो
रोटियाँ

सब कुछ समाया है
रोटियों में
आँच भी
हृदय का नेह भी
आत्मा का रस भी

कितना व्यर्थ है
यह कहना
कि व्यर्थ है
रोटी के लिए
आदमी की लड़ाई

## चक्कर मारती हवा

वह
पार्टनर से बातें करता
चुभता
सूई की नोक-सा

एक और पैबन्द सिलता
घाटे की लँगोटी पर
या फिर सिमट कर
मखमली पिन-कुशन में
धुआँ उगलने लगता
दीवार पर
जाला बुनता मकड़ा
गर्दन उचका पूछता
"बॉस! ख़बर तो अच्छी है?
कैसा है मूड?
फ़ोन आया प्रेमिका का?"

पीठ सटाये खड़ा है
आठ घण्टे ऑफ़िस का वक़्त
पिओन की वर्दी में
टाइपिस्ट लड़की की
थकी उँगलियाँ

खोजती रहतीं
क्लर्क की हथेलियों को

ऑफ़िस के इस कोने से
उन कोने तक
ऊब कर
चक्कर मारती हवा
ठहर जाती
रद्दी की टोकरी में

## उसका सोचना

काली-काली पुतलियों में
हज़ारों सितारों की चमक समेटे हुए
वह
हँसते-हँसते
पेंटास्कोप की
सहायता से
उतर जाता
आँखों के इतिहास में
देखता
पलकें उठाकर
काली-काली पुतलियों का
खट्टा-मीठा स्वाद

छाया-मूर्ति
भ्रम
धुन्ध की परत
बादलों की उमड़
बिजलियों की कौंध
सब कुछ के बीच
पनडुब्बी सी तैरती पुतलियों को देख
वह सोचता
उतरा जा सकता है
और कितनी गहराई में?

## शब्द

किताबों के
ख़ूबसूरत कवर
भीतर
ख़ाली
सफ़ेद पन्ने

शब्द
उड़ कर चले गये हैं
भाग लेने
आन्दोलन में

# एक नया ख़याल

आर्ट-गैलरी में
रंगों को चाटती छिपकली
जारी करना चाहती
एक नया घोषणा-पत्र

जानना चाहती
यामिनी राय के रंगों का स्वाद
क्यों नहीं
गणेश पाइन की रेखाओं में?

जब कभी
गहराई में उतरती
कोई नयी तूलिका
उभरता है
एक नया ख़याल
कीमिया-परिवर्तन का।

## कवि का दावा

किसी आदिम गुफ़ा में
पत्थरों की रगड़ से पैदा हुई
पहली आग की तरह
दौड़ते शब्दों की लपट
जला रही झाड़ियों को
चौंक कर
पंख फड़फड़ाती गौरैया
पहाड़ से
लुढ़कता पत्थर
सहम कर देखता
जंगल में लगी आग

चक्राकार हवाओं का बवण्डर
घेर लेना चाहता
आगे बढ़ती लपटों को

इस सिरे से
उस सिरे तक
जल चुका होता है जंगल
भहराने लगते दरख़्त
दागे गये
कमान-गोलों की तरह

चूर-चूर छिटकते
असंख्य धूलि-कणों में
टुकड़े-टुकड़े शब्द
वहीं पर पड़ा
पत्थर का टुकड़ा
बेअसर
आग से
बेअसर

शब्द-दर-शब्द
फूटती आवाज़ से
फिर भी
दावा करता है कवि
लगी तो आग?
जन्मी तो कविता?

## शब्दों की हार

मरी हुई मछलियों की अधखुली आँखें
एकटक देखतीं
भनभनाती मक्खियों को

शताब्दी-दर-शताब्दी
समय को रौंदता
आ रहा आदमी
रोम-रोम से
बहाता पसीना

पोपले मुँह में
देश
चबा रहा
गीले दिनों के लिए बचा कर रखी
रोटियाँ
पानी की कटोरी में
अलग
सहेजकर
रख दिये गये हैं
मूल्यों के दाँत
जड़ों से उखड़ा सूरज
अकबका कर

गिर पड़ा है
पश्चिम के आकाश में

कविता लिखते-लिखते
उठ खड़ा होता है वह
रंग गयी हैं उँगलियाँ शब्दों के ख़ून से

बचाया गया सच
कराहता है
मेज़ पर
पेपर वेट के नीचे
गायत्री-मन्त्र से लेकर
शाहबानो के अधिकारों तक
हार चुके हैं शब्द
आदमी की लड़ाई

फिर क्या होगा
कविता लिखकर?

## चौराहे पर

बुढ़िया के गिर चुके
सारे दाँत
झरा
शरीर का रोआँ-रोआँ

ठोस कर देतीं
दुनिया की हलचल को
अन्धे वृत्त में
मोतिया-बिन्द आँखें
हाथों में थी
समय के धागे में पिरोई
रामनामी माला
उलट कर पानी की
आख़िरी बाल्टी
करती हुई दाताओं के
नामों का ऐलान
देती हुई धक्का
बढ़ गयी
काशी-विश्वनाथ की गाड़ी

हक्की-बक्की बुढ़िया
रह गयी टटोलती
चौराहे पर
माला के बिखरे मनके।

## कविता की सामूहिक हत्या

अभी-अभी एक पेड़
चला आया ड्राइंग रूम में
सलाम करके बोला
“मैं ही हूँ
पूरा का पूरा जंगल”

अभी-अभी दक्षिणी हवा के साथ
आकाश से झरी एक बूँद
कहने लगी
“मैं ही हूँ
पूरा का पूरा समुद्र”

दीवार पर जाला बुनता मकड़ा
उचक कर देखता और कहता
“मैं ही हूँ तुम्हारा प्रेम”

समाधिस्थ बुद्ध की मूर्ति
कहती
“मैं ही हूँ
दुनिया के दर्द से उपजी हुई करुणा”

कोने में रखी
नेरूदा की किताब से
अचानक बहने लगती
ख़ून की धारा
यहीं से शुरू हुई
सामूहिक हत्या
कविता की?

## जब तक

उसने
एक चमकीला पत्थर उठाया
दे मारा
फुटपाथ पर खड़े पुलिस मैन के कन्धे पर

कन्धा छीलता पत्थर
जा टकराया
दुकान के शो-केस से

खिलखिला कर बोल उठी
सजी-सजाई गुड़िया
"बजाते रहो
ईंट से ईंट
जब तक
काँच की दीवारों में क़ैद
हर पुतला
आज़ाद न हो जाये
शहर घूमने के लिए"।

## मनोरंजन

चौराहे पर
धमाके के साथ फटा
मिनी बस का टायर
चलती ट्राम पर
किसी ने फेंका बम
पुलिस ने
हवाई फ़ायर किया
चलो कुछ तो हुआ
वे लोग
दौड़ते चले गये जुलूस में

उनके हाथों में थे
फावड़े और कुदाल
उनकी आँखों में थी
आशा की चमक
और
लिपटा हुआ था बदन
थिगली-भरी कमीज़ से
उन्होंने
कुछ नहीं किया
सिर्फ़ फिराने लगे हाथ

शहीद-मीनार की सतह पर
गिनने लगे एक-एक ईंट
जैसे
पोंछते हों वे
हर ईंट से झरता हुआ ख़ून

उस शाम
हमने सुनी
टेलीविज़न पर चर्चा

बहल रहा था
हमारा मन
लोगों के गुस्से से

## अगर

कसाई अलग कर देता
बकरे का सिर गड़ासे से
बिल्कुल ठीक जगह पड़ती है
उसकी चोट
निराश न हो
अभिभूत जनता
फैलाती हथेलियों को
महाप्रसाद के लिए

बजते ढोल
जलती समिधा से
उठता धुआँ
तीसरी आँख से देखती
माँ काली
भोग के वितरण का उत्सव
ख़ून का तिलक चमकता
हर ललाट पर

क्या होता
अगर
बकरे के बदले
कसाई का सिर होता?

## जेनी

जेनी
दुल्हन का जूड़ा बना रही
बालों में फूल सजा रही
मेक अप कर रही
आकाश के सितारों से
माथे की सजा रही बिंदिया
कभी दुल्हन ख़ूबसूरत
कभी दुल्हन साधारण
आज यह लड़की
कल वह लड़की
जेनी
सबको सजाती
लग्न का समय
जेनी
एक दिन में
पाँच-पाँच दुल्हनों को सजाती
जेनी
घाघरा पहना रही
जेनी
ओढ़ना ओढ़ा रही
अभी आयेगा दूल्हा

घोड़ी पर बैठ कर
अभी आयेंगे बाराती
बाजा-गाजा लेकर
जेनी ने शादी नहीं की...
जेनी के भीतर
एक लाल होठोंवाली चिड़िया
अपने झरे पंखों को गिना करती
एक दो तीन
आज कितनी दुल्हनें सजीं?
कितने पैसे मिले?

बहुत व्यस्त है जेनी
लग्न के दिन बहुत कमाती
जेनी को पता है
कहानी का अन्त

दुल्हन सजाते-सजाते
हाँ
सजाते-सजाते
झर जायेंगे एक दिन
जेनी के भीतर गाती चिड़िया के
सारे पंख

## वह

वह
दौड़ता चला जाता
जंगल के आख़िरी सिरे तक
उखाड़ लाता
एक पेड़
रोप देता गमले में
कमरे का उदासीन अन्धकार
भर जाता
जंगल की ख़ुशबू से

पहली बार
गा उठती
एक चिड़िया
गिलहरी
कुतरने लगती
काग़ज़।

## रोना मना है

टूट कर गिर पड़ा
नया बनता हुआ हावड़ा-ब्रिज
ज़िम्मेदार ठहराया गया
नींव में उगे
छोटे-से पीपल को
ज़िन्दा रहने के लिए उसे
चाहिए थी
बहुत बड़ी ज़मीन

ख़ैर
हम चुप
चल रहे हैं
जुलूस में
मिल और कारख़ाने
लेथ-मशीन की दुकानें
अश्लील किताबों के प्रेस
पेशाब से भीगी दीवारें
पार करते जा रहे हम सब
पहुँचना चाहते हैं
न जाने कहाँ?

राह में
उल्टे मुँह गिर गयी
बुढ़िया
कुचलती हुई भीड़
बढ़ गयी आगे
चुप हैं हम सब
रोना मना है
जुलूस में

## कहाँ होंगे बच्चे

क्या होगा यदि
रसोई में थाली परसे बैठी रहूँ
और मेरे बच्चे
स्कूल से वापस लौट कर नहीं आयें?

आतंकवादियों का दल
झोला लेकर निकला है बटोरने
न जाने कितने लोगों के सर
लेकिन मैं
इस हादसे से दूर
बैठी रहूँगी
रसोई में
दाल की बटलोई चढ़ाये
गूँधती हुई आटा
देखती रहूँगी
खिड़की से बाहर
बार बार
सड़क की ओर
गिनती रहूँगी
आँगन में खिले
लाल-पीले-नारंगी फूल

माथे का पसीना पोंछती हुई
मैं सोचूँगी
कहाँ हैं मेरे बच्चे?

इतनी देर तो कभी नहीं हुई
नन्ही हथेलियाँ
हाथों की गलबहियाँ
परियों की कहानी
स्कूल में सुनी गयी
किसी दोस्त की ज़ुबानी
सब कुछ कहाँ होगा इस वक़्त?
कितने हज़ार आतंकवादी
निकले हैं दुनिया घूमने
कि हर घण्टे
कोई न कोई
उन्हें दे रहा ट्रेनिंग
नहीं कोई बच्चा नहीं
लड़ाई के मैदान में
बच्चे कभी नहीं चाहते लड़ाई
आतंकवादियों के भी नहीं

बच्चे तो सिर्फ़
माँ की झोली में रहते हैं
लाल पीले नारंगी फूल
खिलते हैं आँगन में
और मैं इस आख़िरी बात के सहारे
कह सकती हूँ
मैं एक औरत
बहुत प्राचीन
सभ्यता के आदिकाल से

पैदा करती आ रही बच्चे
जिसके पास
दुनिया की हर आवाज़ से मज़बूत
आज भी शान्ति की आवाज़

पूछती है वही औरत
फुसफुसाती हर दूसरी औरत से
कहाँ हैं बच्चे इस वक़्त?
क्या अपने-अपने स्कूल में?

## बड़ी अच्छी मेम साब

अच्छी मिली हैं मेम साब
बड़े भले आदमी हैं हमारे साब
भोला-भाला प्यारा-सा बाबा
बड़ी-बड़ी आँखोंवाला सोना बाबा
अरे नयी-नयी नौकरी
लगी है अभी-अभी
काम भी
ज़्यादा नहीं बस थोड़ा
खाना पकाने को बावर्ची
पोछा लगाने को नन्दू
काम कितना?
ज़्यादा नहीं
सुबह ठीक सात बजे पहुँचो
फरमाइशें खटो
काम करो
काम करो और करते रहो
मुँह पर जवाब बिल्कुल नहीं
चुप
केवल चुप रहो
रत्ना ख़ुश है नौकरी पाकर
डेढ सौ रुपये की तनखा पाकर

बहुत दिन बाद मिली है नौकरी
पूरे साढ़े तीन महीने भटकते-भटकते
न जाने कितने घर खोजते-खोजते
मिली है ऐसी नौकरी।

"चलो-चलो उठो मीरा दी
तुम्हारे कारण
रोज़ देर हो जाती मीरा दी
अरे अब और मत बजाओ नाक
जल्दी करो मीरा दी
दोहाई है मीरा दी
जल्दी चलो
नहीं तो मैं चली
मिली है
नौकरी अभी-अभी।
तुम्हारी तो बुढ़िया मालकिन
उठती है देर से
करने को नहीं कुछ उसके पास
बुढ़िया बकबकाती सारा दिन
चलो-चलो
जल्दी चलो मीरा दी"

चाय बनाने में हो जायेगी देर
मालकिन करती हैं काम
ऑफ़िस में
खटती है रात-दिन
ऑफ़िस में
साहब रहते हाईकोर्ट में
देर रात तक किताबों में
न जाने आखर-आखर

इतना क्यों भटकते
कितना क्या सोचते
और फिर जानती तुम मीरा दी
वही बजते रात के बारह
थका शरीर फैलता बिछौने पर
वह क्या कोई आपसी झगड़े का वक़्त होता?
साहब और मेमसाहब में यह झगड़ा?
पढ़े-लिखे लोगों में
इतना झगड़ा क्यों होता?

समझदार है मेम साब
भले आदमी हमारे साब
फिर दिन-रात
आपस में कहा सुनी क्यों करते
भोला भाला सोना बाबा
दरवाज़े पर सटा कर कान
उस दिन ताके जा रहा था टुकुर-टुकुर
"लल्ला, मम्मी लोती है
लल्ला, पापा खलाब है
पापा भोत खलाब है
आज भी
मम्मी लोती है, लल्ला
लोज लोती।"

कलेजे से लगाकर
चिहुँक पड़ी मैं
अरे मोर सोना, मोर छेले
ना मत रो
मत रो मेरे बेटे
तू मेरे खोकन की उमर का

तू मेरा ही खोकन
खोकन को भूख रोटी की
सोना को भूख प्यार की
हम सब भी तो रोते हैं
अपना-अपना नरक ढोते हैं।

"चलो
अब तेज़ चलो मीरा दी
मेल गाड़ी निकल गयी
दूध बेचने निकल पड़ा
रामनाथ ग्वाला
बस्ती की छोरियाँ
देखो कैसे दनदनाती
चली जा रहीं काम पर,
अपने-अपने मुकाम पर"

"हाँ-हाँ रे
चल रही
थोड़ा रुक जा बहन
इतना मत खटा शरीर को
शरीर ही तो हमारी पूँजी
शरीर ही हमारा औज़ार
शरीर ही हमारी औकात
मैं क्यों जाऊँ जल्दी
क्यों खटूँ? क्यों मरूँ?
कितनी भी बुढ़िया की सेवा करूँ
पैर दबाऊँ
तलवे सहलाऊँ
मिलेगी हर समय
डाँट-फटकार

बुढ़िया की किचकिच
बुड्ढे की चीख़-पुकार
अरे यह भी कैसा परिवार?
न बेटा साथ न बेटी
बुड्ढे बुढ़िया नहीं करते ख़ुशी-ख़ुशी
कभी आपस में बात
बुढ़िया फेरती माला
बूढ़ा पलटता बासी अख़बार
जाते ही कहेगी बुढ़िया
लो आ गयी मीरा
बना दे चाय
रामजी उठा ले मुझे
अब तो यही बची है
एक इच्छा

रत्ना के चेहरे पर मुस्कान
आँखों में जादू
इतनी अच्छी मेम साब
कितने भले हमारे साब
नयी-नयी नौकरी
देखती वह
ताज़ा-ताज़ा ख़्वाब
अब यदि किसी तरह
बैठाती
खोकन का हिसाब
बनाती
साहब-सा पढ़ा-लिखा
साहब-सा आदमी
लाती तब

मेम साहब-सी बहू
फिर होता
सोना बाबा जैसा पोता
खेलता दादी की गोद में
उछलता कन्धों पर
धत्! मैं भी कैसी हूँ पागल
सुबह-सुबह देख रही
अनाप-शनाप सपने
चलो, चलो मीरा दी

बढ़ती जा रही रत्ना तेज़ क़दम
चढ़ती जा रही रत्ना तेज़ क़दम
उछलते हुए

तल्ला-दर-तल्ला
"अरी रुक जा रत्ना
ठहरने दे कलेजे की धौंकनी
घुटने भी अब देने लगे जवाब
कितनी थकान!
हाँ अब आया
चौथा तल्ला
वह सामने का चौदह नम्बर फ्लैट
देखो कैसे चमकती है
साहब की नाम-पट्टी?"

"अच्छा मीरा दी
चलूँ लगूँ काम पर
फिर लौटेंगे रात को
साथ-साथ
अपनी-अपनी खोली में"

हाथ रखते ही खुलता दरवाज़ा
"आ गयी रत्ना, आ गयी रत्ना"
दौड़ा आता सोना बाबा
अरी मैया
खड़ी हैं मेम साब सुबह-सुबह
ठाकुर तुम रखना मेरी लाज
ठीक करना सारे काज
सुबह-सुबह न जाने क्यों
घूर रहीं मेम साब
"देर हो गयी मेम साब
अभी सल्टाती हूँ काम
बनाती हूँ चाय
उठाती हूँ बिस्तर
बाबा को भी सम्हाल लूँगी मेम साब
आप न करें फिकर"

"तुम रोज़ देर से
क्यों आती हो रत्ना?
तुम जानतीं मुझे चक-चक पसन्द नहीं
सुबह-सुबह हल्ला-गुल्ला
हड़बड़ी पसन्द नहीं
मैं डाँटूँ तुम मुँह फुलाओ
इससे अच्छा नहीं क्या
तुम ख़ुद ही वक़्त से आओ
जब तुमको रखा था
तब भी यही शर्त थी
अब भी यही बात है
मेरे यहाँ नहीं चलेगा नागा
वक़्त पर आओ

काम करो
जाओ"

"नहीं मेरा साब
अब कभी नहीं होगी देर
रोज़ आऊँगी सबेर
चाय कहाँ रखूँ मेम साब
यहाँ या कमरे में
सर दबा दूँ मेम साब
आँखें फूली हुई बटूर सी
क्या तेल मल दूँ सर में
राहत मिल जायेगी
आप सारा दिन
इतना क्यों खटतीं
सारे दिन इतना क्या काम..."

"चल बहुत हुआ
बेसी बकर-बकर नहीं
जल्दी से कुकर में भात चढ़ा
झोल बना
मछली रखी है तल कर"

रत्ना झाड़ू लगा रही
खिड़कियाँ झाड़ रही
"अरे भाई नन्दू
ज़रा तुम भी तो मदद करो
बाबा को घुमा लाओ
बहुत बाक़ी है काम
मेम साब के कपड़ों पर
करना है लोहा

मलने हैं बर्तन
फिर दो रोटी और चाय निगल
बाबा को ले जाना स्कूल”

फ़र्श चमक रहा सधे हाथों से
चीज़ें करीने से बैठ रहीं
उँगलियों के इशारे से
चमक रहा घर
मेम साब की पसन्द
साहब के ख़र्चों से
दमक रहा घर

“अरे यह क्या?
क्या टूटा?
यह कैसी आवाज़?
झनाक से आयी कमरे में
अरे बोल तो रत्ना
क्या तोड़ा तूने?”

दौड़ती हुई मेमसाब
जाती हैं कमरे में
टूट गया रत्ना से
काँच का फूलदान

“तोड़ डाला न तुमने
कहती रहती हूँ हरदम
सम्हाल कर चीज़ें उठाया कर
पर तू क्यों सम्हाले?
तेरा तो नहीं लगा पैसा?
नहीं

मेरे यहाँ तेरा निभाव नहीं
पता नहीं कैसी मनहूस तू
कोई शऊर नहीं
किया न नुक़सान सुबह सुबह?
कितनी भी करूँ गाली-गलौज
क्या वापस जुड़ जायेगा फूलदान?

काँपता रहता है तेरा हाथ
सूना रहता है दिमाग़
कुछ का कुछ करती
जो नहीं करना
वही करती
बड़ी मुश्किल है तुम को सिखलाना
पत्थर को मानुष बनाना
पचास बेसी लगें
पर मुझे चाहिए
होशियार नौकरानी
एक बार बताने पर
समझ ले काम
वक़्त की पाबन्द
काम से काम
नहीं,
मेरे घर नहीं चलेगा
नहीं चलेगा तुमसे
यों तुझसे कोई शिकायत नहीं ख़ास
बस नहीं चलेगी तू
ले-ले अपनी पगार
चार दिन के बेसी ले रुपये
हाँ, खाकर जाना रोटी और चाय

कभी-कभी आती रहना ज़रूर
देखूँ, किसी से बात करके
मिसेज़ गुप्ता के यहाँ शायद तू खप जाये
उनका रहना-सहना है हम से अलग
हम ज़्यादा आधुनिक
पढ़े-लिखे
बेवकूफ़ से घबराती हूँ मैं
बेवकूफ़ कभी समझ नहीं पाता काम"

गूँगी आँखों से देख रही रत्ना
बस इतनी-सी बात
और नाता ख़त्म?
इतनी अच्छी मेम साब
इतने भले हमारे साब
फिर ऐसा क्यों होता है मीरा दी
ऐसा क्यों?
मालकिन का बाघिन गुस्सा
मुझे क्यों बना जाता है बकरी?

## दो लड़कियाँ

वह लड़की
इतनी कोई बदसूरत नहीं थी
चेहरे पर
कुछ मुहाँसे ज़रूर थे
और दाँत
थोड़े पीले
आँखें
कुछ बुझी हुई
मगर लड़की
देखने में ठीक ही लगती
तो मैंने
उसे थोड़ा घूर कर देखा
बस ज़रा-सी देर
मेरे बरामदे से
उसकी खिड़की तक
कुछ लमहों का
हमने इन्द्रधनुषी पुल बनाया
जैसा कि
हम देखते हैं
हिन्दी फ़िल्मों में अक्सर

अब ज़रा इस फ़िल्म को
एक नाम दीजिए
कहानी के अन्त की
कल्पना तो कीजिए
मगर मेरा विचार है कि
ऐसी कहानियों के अन्त के लिए
कुछ कल्पना नहीं चाहिए
न कुछ सिद्ध करने की नीयत से
आप बातों को बेकार खुरचिये
बस इतना समझिये कि
हम दोनों की आँखें मिलीं
एक चिनगारी लपकी

याद नहीं
हममें से
किसे वह पहले गड़ी
न सही याद
कोई बात नहीं

मौसम गुनगुना था
शाम ख़ुशनुमा थी
मैंने सिगरेट जला ली
बस कुछ दिन और
चला यह क़िस्सा
मैं रोज़ बालकनी पर
वक़्त से खड़ा रहने लगा
और
वह लड़की
सारा-सारा दिन
खड़ी की खड़ी रहने लगी

अपनी खिड़की पर
मुहल्ले वाले
जो हमेशा
असन्तुष्ट रहते हैं
ऐसी बातों से
उठाने लगे आवाज़
माँ-बाप ने तेवर बदला
लड़की बेबस थी
मैं ऊबा था

आजकल हम नहीं झाँक पाते
एक दूसरे की ओर
मैंने उसको छोड़ा
दूसरे मकान की खिड़की से
नाता जोड़ा
जब से इस दूसरी लड़की से
हो गयी है मँगनी
तब से पहली लड़की
क़रीब-क़रीब कोशिश में है
आत्महत्या की

इस पागलपन का
क्या ज़िक्र करूँ मैं
बहरहाल
कहानी के अन्त में
अब नया कुछ भी तो नहीं कहने को?

□□